As Cinco Saúdes

Alimentação Saudável

Dr Juliano Pimentel & Karla Fernandes

ISBN: 978-1-7781050-3-6

Para todas as crianças

Olá, o meu nome é **Maria**, e esta é a minha família.

Minha mãe, meu pai, meu cachorro e meu gato.

Eu recebi uma missão. Tenho que ajudar a minha
família a ter mais saúde, e, quando terminar,
ganharei um cristal para o meu bracelete.

Você pode me ajudar a mudar a alimentação
da minha família?

Nossa primeira tarefa é ajudar o meu pai a escolher os alimentos saudáveis no supermercado.

O que ele deve
colocar no carrinho?

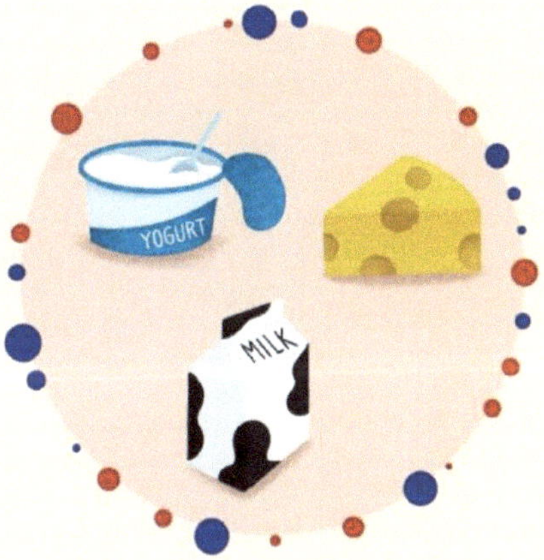

Resposta: Alimentos frescos e naturais.

Dicas: Evite alimentos industrializados.

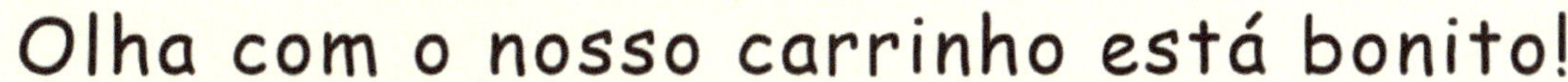

Olha com o nosso carrinho está bonito!
Muito bem!
Cheio de comidas deliciosas e saudáveis.

Lista de compras

Peixe	Alface	Chá
Frango	Limão	Café
Ovo	Tomate	Maçã
Castanhas	Couve	Abóbora
Tapioca	Gengibre	Laranja
Linhaça	Cebola	Alho

Agora tenho que ajudar a minha mãe a escolher alimentos saudáveis para o nosso café da manhã.

O que devemos comer?

Nossa mesa ficou linda e cheia
de alimentos deliciosos!

Resposta: Alimentos sem adição de açúcar.

Dica: Coma sempre uma proteína pela manhã.

Aprendi que não precisamos colocar açúcar nos alimentos.

O que você aprendeu?

Chegou a hora do almoço e preciso ajudar a minha mãe a escolher os alimentos.

Lembrando, alimentos saudáveis são descascados e não desembalados.

O que devemos comer?

Resposta: Alimentos mais naturais, sem fritura, e sem adição de açúcar.

Dicas: Tenha uma variedade de cores em sua refeição. Experimente novos legumes, folhas e frutas.

O almoço está com um cheiro ótimo!

Aprendi que não precisamos cozinhar os legumes por muito tempo.

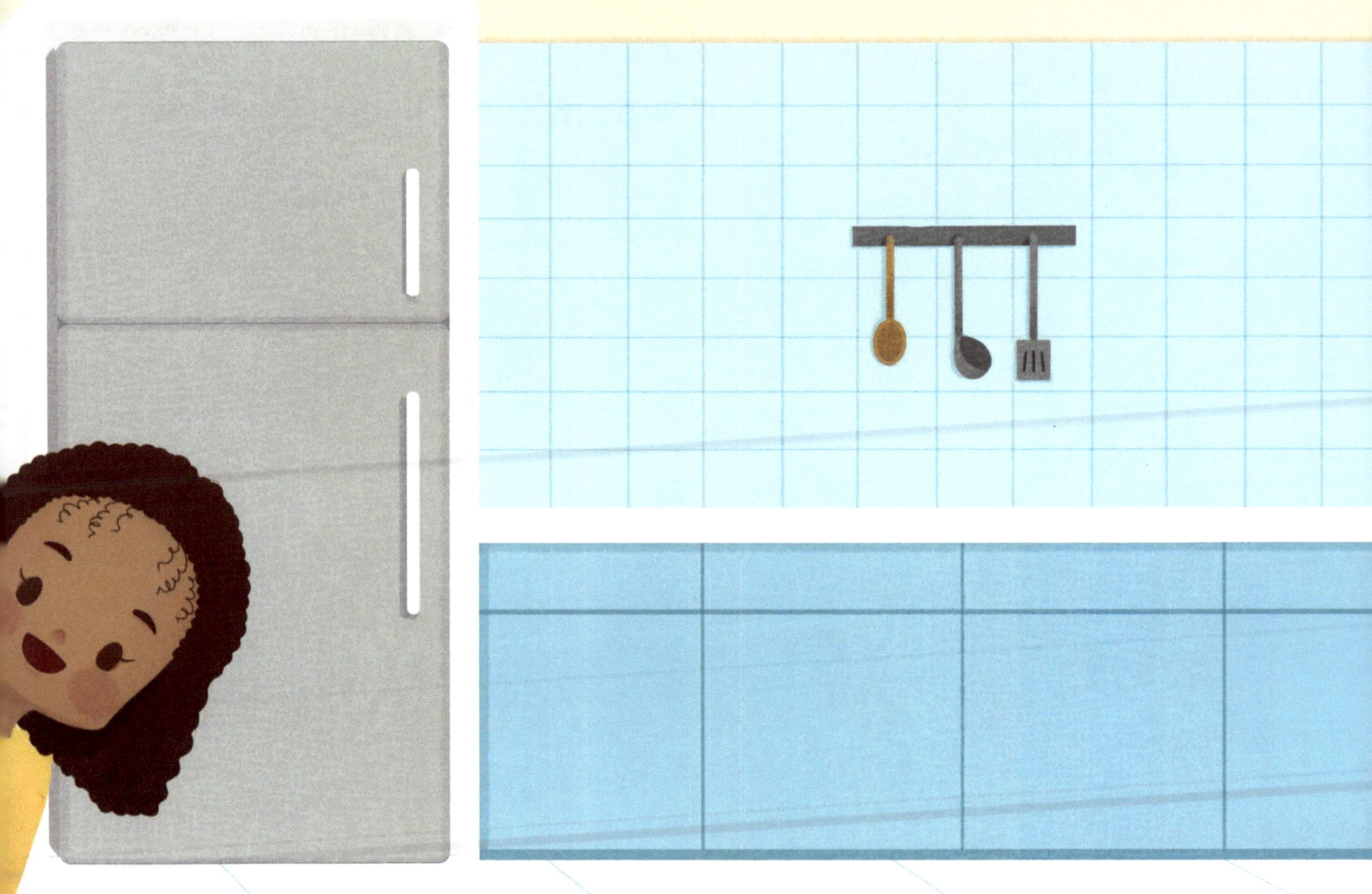

Faltam duas refeições!

Aprendi a comer vários alimentos novos.

O meu favorito é beterraba. Deixa tudo cor de rosa!

Qual o seu vegetal favorito?

Em nossa quarta tarefa, precisamos escolher os alimentos do lanche.

Conto com a sua ajuda!

O que devemos comer?

Que lanche gostoso!

Aprendi que não precisamos comer muito.

Resposta: Alimentos mais leves e sem açúcar.

Dicas: O lanche da tarde é uma refeição rápida. Você não precisa comer se não estiver com fome.

Gostei muito das frutas maçã e laranja. Vou pedir para mamãe colocar no meu lanche da escola.

Qual a sua fruta favorita?

Nossa última tarefa! Agora devemos escolher os ingredientes para o jantar.

O que devemos comer?

Resposta: Alimentos mais leves, como sopas, peixes, frutas, saladas, água ou chá.

Dicas: Para uma boa noite de sono, coma de 2 ou 3 horas antes de deitar.

Nosso jantar está saboroso e muito saudável. Aprendi que precisamos mastigar 30 vezes antes de engolir.

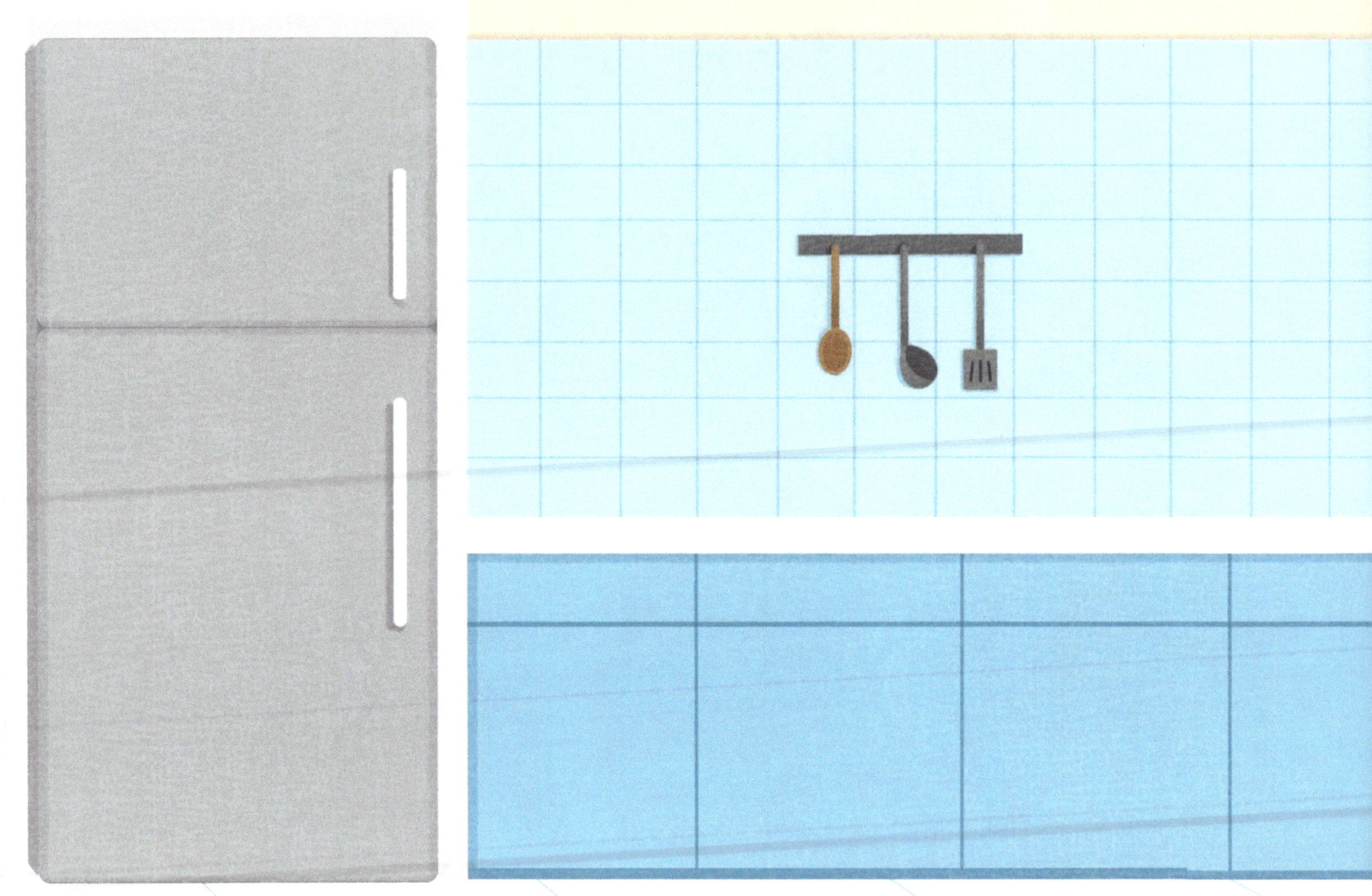

Conseguimos!

Não teria conseguido sem a sua ajuda.
Agora a minha família está comendo de forma
bem mais saudável.

Você conhece alguém que está precisando de ajuda para se alimentar de forma saudável?

Eu conheço e vou compartilhar tudo que aprendi.

Você vai continuar me ajudando?

Quem somos

Dr. Juliano Pimentel

Filho de Deus, marido, pai, médico, escritor do bestseller Saúde Plena e Mentor de mais de 100 mil famílias pelo mundo.

 drjulianopimentel

Karla Fernandes

Filha de Deus, esposa, mãe, escritora da série de livros Princesa Cor de Rosa e mentorada do Dr. Juliano Pimentel.

 karla_kidsbooksauthor

Nota de esclarecimento aos pais

 - Alimentos como trigo, centeio e cevada devem ser evitados pela presença de glúten.

- Leite e derivados normalmente estão relacionados a inúmeras alergias de pele e respiratórias, além de sintomas gastrointestinais.

- Sempre que puder opte por alimentos orgânicos.

- Sempre que puder consuma alimentos minimamente processados pelo homem.

- Lembrem que as crianças podem comer o quanto quiserem, sempre com enfoque na qualidade e não na quantidade.

- Os alimentos industrializados reduzem as defesas do corpo, começando silenciosamente pelo intestino.

- Se quiser fazer algo especial em casa opte por opções lowcarb sem farinha que contém glúten.

Para maiores informações leia o livro [Saúde Plena](#)!

Até a próxima aventura!